PLANTAS INSECTÍVORAS

LOS JARDINES DE LA TIERRA

Jason Cooper

Versión en español de Argentina Palacios

Rourke Enterprises, Inc.
Vero Beach, Florida 32964

FOTOS
© Lynn M. Stone

LIBRARY OF CONGRESS
Library of Congress Cataloging-in-Publication Data
Cooper, Jason, 1942-
[Plantas insectívoras. Español.]
    Plantas insectívoras / por Jason Cooper versión en español de
Argentina Palacios.
        p.   cm. — (Los jardines de la tierra)
    Traducción de: Insect-eating plants.
    Incluye índice.
    Resumen: Introducción a las extraordinarias plantas que
tienen la habilidad de atrapar insectos y utilizarlos como
alimento.
    ISBN 0-86592-548-8
    1. Plantas carnívoras-Literatura juvenil.
[1. Plantas carnívoras.   2. Materiales en español.]
I. Título.   II. Serie: Cooper, Jason, 1942-   Jardines de la tierra.
QK917.C6818   1991
583'.121—dc20   91-22476
                                           CIP
                                           AC

ÍNDICE

PLANTAS INSECTÍVORAS

Las plantas insectívoras no tienen ni garras ni dientes pero "comen" carne. Por esta característica son unas de las plantas más interesantes y extraordinarias sobre la Tierra.

Por lo general, tienen colores vivos y producen olores y flores que atraen a los insectos. La hojas son las que atrapan a ciertos insectos, los cuales se convierten en **presa,** o comida, para las plantas.

nsecto en el borde de un nepente

FAMILIAS DE PLANTAS INSECTÍVORAS

En la mayor parte del mundo hay plantas insectívoras. En Norteamérica existen unas 40 clases, o **especies,** de ellas.

Las de Norteamérica incluyen seis tipos generales: atrapamoscas, droseras, grasillas, utricularias, nepente de California y otros nepentes del este.

Drosera de hoja redondeada
y nepentes del norte

MEDIO AMBIENTE DE LAS PLANTAS INSECTÍVORAS

Las plantas insectívoras generalmente viven en **humedales,** como ciénagas y pantanos. Uno de los **hábitats,** o medio en que viven, que les gusta mucho es la turbera, el residuo blando y lodoso de un lago viejo lleno de plantas muertas y moribundas.

En todas partes de Norteamérica hay plantas insectívoras de una clase u otra, pero en el sureste de los Estados Unido es donde abundan más. En ciertas partes de esa región crecen miles de nepentes.

Nepentes del norte en una turbera

LA PRESA COMO COMIDA

En los humedales donde crecen las plantas insectívoras escasean ciertos **minerales,** los cuales son importante fuente de alimento para las plantas.

Durante miles de años, las plantas insectívoras han desarrollado la manera especial de obtener los minerales: atrapan insectos que les proporcionan los minerales que necesitan.

Los insectos no son absolutamente necesarios en la dieta de las plantas insectívoras, pero cuando los incluyen, las plantas tienen apariencia más saludable.

Insecto atrapado en el recipiente de un nepente

Nepentes de trompeta amarilla en una pradera húmeda de Florida

Especie de nepente

DROSERAS

En las hojas de las droseras *(Drosera),* conocidas también como rosolí o rocío de miel, brillan gotitas pegajosas. Dan la impresión de que están bañadas por el rocío de la mañana. Un pequeño insecto que se pose en una hoja de drosera no se puede despegar. La hoja lo atrapa como si tuviera pegamento. Después, púas diminutas de las hojas se entrelazan poco a poco alrededor del insecto.

Las hojas de esta clase de planta pueden estar planas sobre el suelo o erectas. La drosera más grande de Norteamérica tiene hojas que pueden alcanzar hasta 18 pulgadas de largo.

Insecto atrapado en una drosera rosada

GRASILLAS

Las hojas de las grasillas *(Pinguicula)* son grasosas porque la planta secreta un líquido especial. Los pequeños insectos que reptan o vuelan a sus hojas se quedan pegados en ellas. Poco a poco, los jugos actúan sobre el insecto y lo convierten en alimento para la planta.

La mayoría de las ocho especies de grasilla que se encuentran en Norteamérica tienen hojas verde-amarillentas. Cada planta florece una vez durante la estación.

Las grasillas se encuentran en toda la parte norte y en la parte sureste de Norteamérica.

Flor de grasilla

ATRAPAMOSCAS

Las atrapamoscas *(Dionaea)* son plantas pequeñas, de no más de cuatro pulgadas de un extremo a otro. Las hojas de la planta funcionan de manera parecida a la concha de una almeja.

Cuando un insecto entra en la trampa abierta de las hojas, roza unos pelillos pequeñitos. El movimiento del roce contra los pelillos hace que las hojas se cierren. Cuando éstas se empiezan a cerrar, pelillos guardianes en los bordes de la hojas impiden que el insecto se escape.

Las atrapamoscas se encuentran solamente en unos cuantos lugares cerca de Wilmington, North Carolina.

Atrapamoscas

NEPENTES

Los nepentes *(o sarracenias)* constituyen la mayor parte de las plantas insectívoras de Norteamérica. Una especie alcanza cuatro pies de alto.

Las hojas de un nepente forman un tubo, o jarro, y por eso se les llama a veces plantas odre. Los insectos que se asoman al borde del jarro a menudo bajan o se caen en él. El escape es difícil. El nepente tiene una tapa de hoja, agua en el jarro y pelillos diminutos que apuntan hacia abajo.

El nepente de California *(Dalingtonia)* se encuentra sólo en California y Oregon. Los nepentes del este *(Sarracenia)* se encuentran en gran parte de las regiones este y norte de Norteamérica.

Varias especies de nepente

LAS PLANTAS INSECTÍVORAS Y LOS SERES HUMANOS

A pesar de que no se arrojan sobre los insectos ni los acosan, las plantas insectívoras son muy interesantes. Su capacidad de atrapar insectos y comérselos las hace muy especiales.

Como viven en lugares donde el suelo es blando y húmedo, la gente muy pocas veces las pisotea. Pero su medio ambiente se ha destruido en muchas partes para hacer tierra seca para el uso de los seres humanos. Cuando se rellenan los humedales, las plantas que viven en ellos mueren.

Donde los humedales no corren peligro, las plantas insectívoras siguen viviendo su sorprendente vida.

GLOSARIO

carnívoro — que come carne

especie — cierta clase de organismo viviente que forma parte de un grupo de organismos vivientes relacionados entre sí, como el nepente *amarillo*

hábitat — el área donde vive una planta

humedal — un área donde se concentra agua, como una ciénaga, un pantano, una turbera; terreno cubierto por agua llana

minerales — ciertos elementos que se encuentran en la naturaleza

ÍNDICE ALFABÉTICO